Prima Hora

This work is published
by a member of

PROHYPTIKON
ART & MEDIA

Please visit **www.prohyptikon.com**
for a list of current projects
and upcoming releases.

What is Prohyptikon Art & Media?

A loose association of like-hearted, yet diverse artists, musicians, and writers—based in Toronto, Canada—who aim to produce and release works that spur, or are themselves, ruminations upon the mysteries of human life and spirituality.

Prima Hora

Aggott Hönsch István

lektorálta · edited by

Hönsch Viktor

Prima Hora by Aggott Hönsch István
Prima Hora, írta Aggott Hönsch István

I./2. 2007. I.

Publisher · Kiadó: Roland Hönsch

You may request clarification on the terms of the license from the
publisher by writing to: publisher@aggotthonsch.com

Kérhet felvilágosítást a licensz-feltételekről közvetlen a kiadótól a
kiado@aggotthonsch.com email címen.

ISBN 978-0-9781707-0-7

Hugomnak Krisztinának
aki ember és Isten akarata ellenére hiányzott életem első órájából

Tartalom · Contents

Bevezetés · Preface

Ha az emberi életet optimistán 80 évnek tekintjük, majd
azt a nap 24 órájával elosztjuk, felfedezzük hogy az emberi
élet egy órája 3⅓ évet jelent. E szerint, 24 évesen életem
nyolcadik órájának elejét élem. Korai még a reggel.

No és persze az elmúlt hét óra nagyrésze nem is élet
volt, hanem gyerekkor, ami inkább csak amolyan
felkészülés a nagy Életre.

Így hát az első hét óra nem is hét, hanem csak egy.
Egyetlen hosszú, elnyúlt, felnőtté válásig tartó első órája
minden embernek.

S eme órám örömeiről s szenvedéseiről szól e kötet.

—Aggott Hönsch István

Assuming a man's life to be an optimistic 80 years, then
dividing that number by the 24 hours of the day, we
discover that one hour of a man's lifetime is 3⅓ years. By
this count, at 24 years, I am now living the beginning of
my eighth hour. The day is yet young!

Of course, my childhood was not really life itself, but
more a preparation for what is to come.

Thus my first seven hours are not really seven, but
rather just one. This one long hour, lasting until
adulthood, is the true first hour of every man's life.

And it is this hour of mine that this book is about.

—Aggott Hönsch István

ܩܕܝܫܐ ܕ ܨܠܝܒܐ
ܩܕܝܫܐ ܘܩܕܝܫܐ

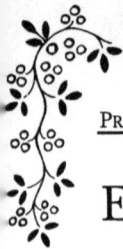

Eszternek

Ismerek egy lányt, kinek szeme kék, mint a legszebb tó,
S haja már már aranyló,
De arca s mosolya már semmihez sem fogható.

Mikor megismertem, szívem dobbant egy nagyot,
S ekkor rájöttem szerelmes vagyok.

1992 és 1993 között
Magyarország, Szentendre

A Rákócziba

Egy porúton indulok, előre hát!
Majd patakon kelek a kishídon át.

Látok gesztenyefát, majd beton utat;
Sietek az autópálya alatt.

Majd fel a lejtőn, macskakőre térek;
S pár kanyarral az iskolába érek.

2006. augusztus 28. 02:06
Canada, Ontario, Toronto

2

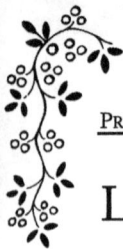

Love me not

Love me not,
And I shall despise you.

Trust me not,
And I shall betray you.

Fear me so,
And I will destroy you.

Do not complain,
You made this world be so.

1997 és 1998 között
Canada, Ontario, Oakville

apologia

We lived under thy iron hand,
Thy oft flex'd will despised we so;
Yet as servants under thee,
Our spirits roused, thrived did we!

Thy oppression now past,
Thy chance evils we did replace;
But while with thou we saw a way,
Now ignorance rules where we sway.

Save our souls;
So that we may save ourselves.
God abandoned us yet again...
Let us be saved by men—
Who once believed in men.

2001. november, 22. 00:07
Canada, Ontario, Toronto

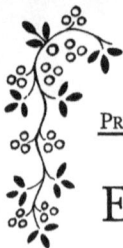

Emancipation

Even the last goodbye was unpleasant,
Like too many of the days that came before.

Though with bags still packed,
And no place to call home,
I have left you behind:
I am free.

You will never again upset my calm,
Unless I let you;
And even then, from now on
I am the one with the power:
Your secrets are out—every last one of them.

Goodbye, Mother.
And remember:
Though no one else may know you,
I do.

2003.
Canada, Ontario, Toronto

Into the flame...

Longing for the unrequited,
Wanting tamed the unrestrained;
Chasing many a soft illusion,
Shunning healing sweet seclusion:
My journey runs this winding road.

2002. augusztus 22.
Canada, Ontario, Toronto

Elhalni tudni jó

Elhalni tudni jó!
Hisz elmúlik minden bántalom,
Minden ocsmány szó.
Elhalni tudni jó.

2001.
Canada, Ontario, Toronto

…bitter ashes

Once longing and sought,
Once loving and loved;
I never would have thought,
That even your smile could hurt me.

2002. szeptember
Canada, Ontario, Toronto

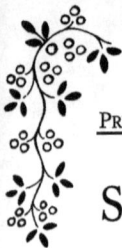

Sérelem

Semmiség?!
Sérelem!
Sérelem—
És mégis, önellen,
Sálomot suttogva szenvedem.

2003.
Canada, Ontario, Toronto

vak harag

élni
*túl*élni
*meg*élni
jól élni
nehéz! ha mondom.

üvöltsem tán?

minek már...
hát nem siket a világ?

2005. május 31.
Canada, Ontario, Toronto

10

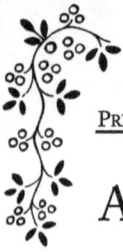

Ancient Words

Don't speak against the sun;
Once *the die is cast*.

The law is hard, but it is the law;
And *only the truth shall make you free*.

To err is human,
But *let the superior answer*.

Now *go in peace*,
And remember, *life is more than merely staying alive*.

The ancients left much advice,
For those who have ears to listen.

2003.
Canada, Ontario, Toronto

Snake in the Grass

a
thin
silent   the grass, hiding behind
hunter sneaks along   branches and rocks, stalking its prey;

bite.
poison
with a
striking it dead
before
its tail,
then rattling

2003.
Canada, Ontario, Toronto

A tökéletesség egyedülálló

Perfection is singular

6 = 29

2000. október 30. 00:28
Canada, Ontario, Toronto

Hopeless as the Moon

Take it now on faith that the Moon is cognisant
and sentient; a being thinking and self-aware.

Take it now on faith that the Moon's visual sensory
input is highly sophisticated; it sees, recognises, and
individuates individual objects, animals, and human
beings.

Take it now on faith that the Moon æsthetically val-
ues the natural, the smooth, the living; know it as
fact that human beings proliferate the artificial, the
hard edged, the inanimate.

Take it now on faith that for the handiwork of
man, past performance accurately predicts future
performance.

Take it now on faith that you shall never be as
hopeless as the Moon.

2003.
Canada, Ontario, Toronto

Rogozhin dreams

I watched in reverie as my blood slowly pooled on
the cobble-stone road. It gleamed a most beautiful
crimson under the noon sun. No ruby could ever
compare. For rubies gleam only of age; but blood
gleams wholly of life.

Looking up one last time, I saw her flushed,
still delicate visage beset by a golden halo; and with-
in her hands the dagger that brought forth the
gentle flood that now whispered my secrets to the
world, from upon the crimsoned blocks of the
cobble-stone road.

2002.
Canada, Ontario, Toronto

15

VI.—XIV.

A szomorú fűzek itt nem sírnak
  karcsú lombjaikkal mélyre nyújtózva.

2006. augusztus 28.
Canada, Ontario, Toronto

I.—XIII.

Willows hither often fail to weep.

2001. december
Canada, Ontario, Toronto

Élet

Még nem is látom.
Látom, de nem értem.
Bár látom és érzem, még mindig nem értem.
Most már látom és értem, de már másképp érzem.
Halk requiem—hát így éltem.

2002.
Canada, Ontario, Toronto

18

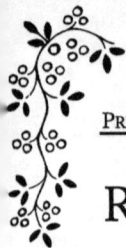

Reggeli tünődés

Mily furcsa élet,
Mily hallgatag világ;
Rég itt már a pirkadat,
Mégse hallám senki szavát.

2003. október, 30.
Canada, Ontario, Toronto

Halk suttogás

Halk suttogás lelke e világnak,
Szerín álmai embernek s fiának,
Múlóak—mégis örökkévalók;
Hisz mielött apja meghala,
A fiú hallgatá a szót.

2002. február 1.
Canada, Ontario, Toronto

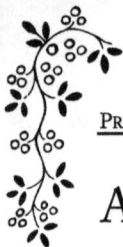

An inspired soliloquy

My flesh
My blood,
My kin beloved!

Thou objects of my affections,
Thou requisitors of my temperance,
Thou kindles of folly strife,
Thou bearers of soothing joy;

Thy freedom great,
Thy presence sought,
Thy speech honoured,
Thy countenance loved;

I beg thee, betray me not!
For the distant yet thin boundary, once passed,
Can never again be crossed.

2000. július
Magyarország, Budapest, Kinizsi utcai pitvar

Death

I am the end,
I am the veil;
I am the goal,
I am the sail,
That will carry you forth,
To a world yet unseen:
Then, a beginning
I shall have been.

2003. november 19.
Canada, Ontario, Toronto

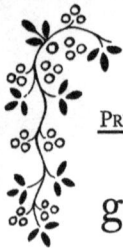

gentle mars

idle, lifeless stones;
only wind touches this land;
with all caresses.

2003.
Canada, Ontario, Toronto

loss

gentle solitude;
i sit quietly mourning
my lost unborn child.

2003.
Canada, Ontario, Toronto

24

Magyar magasztja

Földnek s mennynek szövetsége,
Magyar népek fejedelme,
Magyar földek egy gazdája,
Szent István bölcs hagyatéka.

2006. május 26.
Canada, Ontario, Toronto

Visszahaladás

Ostoba egy népség,
Mely eget takaró,
Otromba vastornyokba öli lényét.
Mert túl kevés a szépség
Hitvány geometriában—
Mely hiába csillog, hisz nem csillag;
Csak emlékeztető arra,
Amit már éjszaka is a fény takar ma.
Ez a modern kor uralma.

2006. június
Canada, Ontario, Toronto

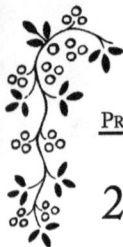

2006. augusztus 20.

Budapesten vihar tombol.
Egy milliós népet ver az ég az utcán,
Köztük hugom is, ki ugyancsak védtelen,
S bár járni tud, szabadulni még képtelen.

Faágat, cserepet, bódét hajít a tömegbe a szél,
Sérülést s halált is hoz, váratlanul, ahol ér;
Hála! hugomat nem éri baj, mert bár cserép jött,
Az más ember hugának fején törött.

Persze én minderről nem tudok még, majd csak késöbb,
Mikor már nincs karnyújtásnyira a haláltól Krisztina;
Ki tükröm volt hajdanán, s kinek jósa voltam hajdan én.
Kire, bár tudatlan, 18 évet vártam; s ki várt rám utána 6 évet még.

Igen... mire megtudom mindezt, már új nap lesz.
Mire megértem, már Európa is elefelejti majd.
S csak mi magyarok fogunk emlékezni erre az augusztus 20.-ára;
Mely érthetetlenül népünket, s szeretteinket verte cudar viharával.

2006. augusztus 26.
Canada, Ontario, Toronto

Jön a lányom

Kopog egy kicsi kéz,
Kicsi hang eligéz.
Kicsi szív dobogó,
Apja kell, látható.

Gyere csak kicsi lány,
Kis időm van talán.
Mesélj hát, mondjad csak;
Itt vagyok, hallgatlak.

2006. augusztus 14.
Canada, Ontario, Toronto

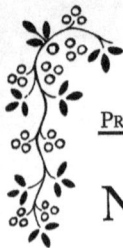

Nem jó az embernek egyedül

Egyedül más az élet:
Nagyobb az űr
    az ember lelkében.
Kevesebb az öröm
    magányos szívében.
S kétely lappang
    minden tettében.
Míg értelme felkiált:
    Miért mindez?

De én új napokat élek:
Hol kevesebb az űr,
Nagyobb az öröm,
S cél vértezi létemet.

Magasztalom hát
    drága Feleségemet.

2006. augusztus 12. 12:58
Canada, Ontario, Toronto

„A vér nem válik vízzé,
de a szeretet a vérbe forr."

Appendix I.

Licence Art Libre, Version 1.2

Préambule :

Avec cette Licence Art Libre, l'autorisation est donnée de copier, de diffuser et de transformer librement les oeuvres dans le respect des droits de l'auteur.

Loin d'ignorer les droits de l'auteur, cette licence les reconnaît et les protège. Elle en reformule le principe en permettant au public de faire un usage créatif des oeuvres d'art.
Alors que l'usage fait du droit de la propriété littéraire et artistique conduit à restreindre l'accès du public à l'oeuvre, la Licence Art Libre a pour but de le favoriser.
L'intention est d'ouvrir l'accès et d'autoriser l'utilisation des ressources d'une oeuvre par le plus grand nombre. En avoir jouissance pour en multiplier les réjouissances, créer de nouvelles conditions de création pour amplifier les possibilités de création. Dans le respect des auteurs avec la reconnaissance et la défense de leur droit moral.

En effet, avec la venue du numérique, l'invention de l'internet et des logiciels libres, un nouveau mode de création et de production est apparu. Il est aussi l'amplification de ce qui a été expérimenté par nombre d'artistes contemporains.

Le savoir et la création sont des ressources qui doivent demeurer libres pour être encore véritablement du savoir et de la création. C'est à dire rester une recherche fondamentale qui ne soit pas directement liée à une application concrète. Créer c'est découvrir l'inconnu, c'est inventer le réel avant tout souci de réalisme.
Ainsi, l'objet de l'art n'est pas confondu avec l'objet d'art fini et défini comme tel.
C'est la raison essentielle de cette Licence Art Libre : promouvoir et protéger des pratiques artistiques libérées des seules règles de l'économie de marché.

DÉFINITIONS :

- L'oeuvre :
il s'agit d'une oeuvre commune qui comprend l'oeuvre originelle ainsi que toutes les contributions postérieures (les originaux conséquents et les copies). Elle est créée à l'initiative de l'auteur originel qui par cette licence définit les conditions selon lesquelles les contributions sont faites.

- L'oeuvre originelle:
c'est-à-dire l'oeuvre créée par l'initiateur de l'oeuvre commune dont les copies vont être modifiées par qui le souhaite.

- Les oeuvres conséquentes:
c'est-à-dire les propositions des auteurs qui contribuent à la formation de l'oeuvre en faisant usage des droits de reproduction, de diffusion et de modification que leur confère la licence.
- Original (source ou ressource de l'oeuvre):
exemplaire daté de l'oeuvre, de sa définition, de sa partition ou de son programme que l'auteur présente comme référence pour toutes actualisations, interprétations, copies ou reproductions ultérieures.

- Copie:
toute reproduction d'un original au sens de cette licence.

- Auteur de l'oeuvre originelle:
c'est la personne qui a créé l'oeuvre à l'origine d'une arborescence de cette oeuvre modifiée. Par cette licence, l'auteur détermine les conditions dans lesquelles ce travail se fait.

- Contributeur:
toute personne qui contribue à la création de l'oeuvre. Il est l'auteur d'une oeuvre originale résultant de la modification d'une copie de l'oeuvre originelle ou de la modification d'une copie d'une oeuvre conséquente.

1- OBJET :

Cette licence a pour objet de définir les conditions selon lesquelles vous pouvez jouir librement de cette oeuvre.

2. L'ÉTENDUE DE LA JOUISSANCE :

Cette oeuvre est soumise au droit d'auteur, et l'auteur par cette licence vous indique quelles sont vos libertés pour la copier, la diffuser et la modifier:

2.1 LA LIBERTÉ DE COPIER (OU DE REPRODUCTION) :

Vous avez la liberté de copier cette oeuvre pour un usage personnel, pour vos amis, ou toute autre personne et quelle que soit la technique employée.

2.2 LA LIBERTÉ DE DIFFUSER, D'INTERPRÉTER (OU DE REPRÉSENTATION) :

Vous pouvez diffuser librement les copies de ces oeuvres, modifiées ou non, quel que soit le support, quel que soit le lieu, à titre onéreux ou gratuit si vous respectez toutes les conditions suivantes:
- joindre aux copies, cette licence à l'identique, ou indiquer précisément où se trouve la licence,
- indiquer au destinataire le nom de l'auteur des originaux,
- indiquer au destinataire où il pourra avoir accès aux originaux (originels et/ou conséquents). L'auteur de l'original pourra, s'il le souhaite, vous autoriser à diffuser l'original dans les mêmes conditions que les copies.

2.3 LA LIBERTÉ DE MODIFIER :

Vous avez la liberté de modifier les copies des originaux (originels et conséquents), qui peuvent être partielles ou non, dans le respect des conditions prévues à l'article 2.2 en cas de diffusion (ou représentation) de la copie modifiée.
     L'auteur de l'original pourra, s'il le souhaite, vous autoriser à modifier l'original dans les mêmes conditions que les copies.

3. L'INCORPORATION DE L'OEUVRE :

Tous les éléments de cette oeuvre doivent demeurer libres, c'est pourquoi il ne vous est pas permis d'intégrer les originaux (originels et conséquents) dans une autre oeuvre qui ne serait pas soumise à cette licence

4. VOS DROITS D'AUTEUR :

Cette licence n'a pas pour objet de nier vos droits d'auteur sur votre contribution. En choisissant de contribuer à l'évolution de cette oeuvre, vous acceptez seulement d'offrir aux autres les mêmes droits sur votre contribution que ceux qui vous ont été accordés par cette licence.

5. LA DURÉE DE LA LICENCE :

Cette licence prend effet dès votre acceptation de ses dispositions. Le fait de copier, de diffuser, ou de modifier l'oeuvre constitue une acception tacite.

Cette licence a pour durée la durée des droits d'auteur attachés à l'oeuvre. Si vous ne respectez pas les termes de cette licence, vous perdez automatiquement les droits qu'elle vous confère.

Si le régime juridique auquel vous êtes soumis ne vous permet pas de respecter les termes de cette licence, vous ne pouvez pas vous prévaloir des libertés qu'elle confère.

6. LES DIFFÉRENTES VERSIONS DE LA LICENCE :

Cette licence pourra être modifiée régulièrement, en vue de son amélioration, par ses auteurs (les acteurs du mouvement "copyleft attitude") sous la forme de nouvelles versions numérotées.

Vous avez toujours le choix entre vous contenter des dispositions contenues dans la version sous laquelle la copie vous a été communiquée ou alors, vous prévaloir des dispositions d'une des versions ultérieures.

7. LES SOUS-LICENCES :

Les sous-licences ne sont pas autorisées par la présente. Toute personne qui souhaite bénéficier des libertés qu'elle confère sera liée directement à l'auteur de l'oeuvre originelle.

8. LA LOI APPLICABLE AU CONTRAT :

Cette licence est soumise au droit français.

Latin betűs szövegek az *Adobe Caslon Pro* betűtipust használják.
Szíriai betűs szövegek a *Meltho* betűtipusokat használják,
a *Beth Mardutho: The Syryiac Institute*-tól.
(http://www.BethMardutho.org/)

A könyvet maga a szerző, Aggott Hönsch István, tervezte és
szerkesztette, a *Scribus* (http://www.Scribus.net/) szabad program
segítségével az *Ubuntu GNU/Linux* (http://www.Ubuntu.hu/) szabad
vezérlőrendszeren.

A szerzőhöz intézett kérdéseit és észrevételeit kérjük továbbítsa a
kiado@aggotthonsch.com címre.

A könyv borítóján megjelenő zsebóra fénykép a holland fényképész,
Victor Zuydweg úr tulajdona, s engedélyével lett felhasználva; míg az
Osztrák-Magyar címer, mely az elhunyt Hugo Gerhard Ströhl érdeme,
mára már közkincs státuszt élvez.

Latin texts are set using the *Adobe Caslon Pro* font.
Syriac texts are set using the *Meltho* fonts from
Beth Mardutho: The Syryiac Institute.
(http://www.BethMardutho.org/)

Designed and created by the author himself, Aggott Hönsch István,
using the free program *Scribus* (http://www.Scribus.net/) on the free
Ubuntu GNU/Linux (http://www.Ubuntu.net/) operating system.

Please send any questions and comments for the author to
kiado@aggotthonsch.com by email.

Appearing on the cover: The pocketwatch photograph is the work of the
Dutch photographer, Mr. Victor Zuydweg, and was used with his
permission; Austria-Hungary's Coat of Arms, designed by the late Hugo
Gerhard Ströhl, is now in the Public Domain.